Beate Mazek

Nostalgie
aus dem Nähkästchen

Traditionelle Nähideen neu entdeckt

Liebe Leserinnen,
liebe Leser,

oftmals sind es die liebenswerten Kleinigkeiten, die im Alltag ein Lächeln auf unsere Gesichter zaubern können. Viele liebenswerte, dekorative aber auch nützliche Kleinigkeiten finden Sie in diesem Buch versammelt und das Beste an ihnen ist, Sie können sie selbst individuell gestalten und nähen. Wählen Sie je nach Können und Vorliebe ein Projekt aus und bestimmen Sie selbst durch Farb- und Musterauswahl, wie Ihr ganz persönlicher romantischer Vintage-Look aussehen soll.

Darf es ein Kissenbezug für den Lieblingssessel sein, ein Tischlämpchen oder eine individuell gestaltete Wanduhr? Oder möchten Sie Ihre Gäste gleich beim Eintreten mit einer Welcome-Girlande und einer selbst gemachten Garderobe überraschen? Vielleicht hat Ihnen immer schon ein praktischer und dekorativer Klammerbeutel gefehlt? Dann können Sie jetzt gleich an die Arbeit gehen.

Sicher freuen sich auch Familie und Freunde über kleine selbst gefertigte Geschenke: ein Utensilo für die nächste Reise, ein Cover für das Lieblingsbuch oder einfach ein Marmeladenhäubchen für eine selbst gemachte Leckerei. Verschenken Sie individuell gestaltete Kleinigkeiten und vergessen Sie dabei sich selbst auch nicht: mit einem wunderhübschen, selbst gemachten Nähkörbchen, das Ordnung in Ihr Nähzeug bringt, geht die Arbeit noch viel leichter von der Hand.

Die Vorlagen finden Sie im hinteren Teil des Buches. Zahlen und Buchstaben für die Applikationen können Sie selbst in der benötigten Größe auf Ihrem Computer erstellen, ausdrucken, ausschneiden und als Schablone benutzen. Die verwendeten Schriftarten und -größen sind bei den jeweiligen Modellen angegeben. Sie können Ihre Schriften auch selbst wählen, achten Sie dabei nur auf die passende Größe.

Viel Freude mit diesem Buch wünscht Ihnen

Ihre

Beate Mazek

Inhalt

Schwierigkeitsstufen
★ = *einfach*
★★ = *mittel*
★★★ = *etwas aufwändiger*

ETUI MIT KNOPF

Größe
ca. 20 x 25 cm

Schwierigkeitsgrad
★

Steckt einfach alles weg

MATERIAL

* Außenstoff, 25 x 110 cm
* Innenstoff, 25 x 110 cm
* Vlies, 25 cm
* Gummiband, 9 cm für Verschluss
* 1 Knopf

ZUSCHNITT

* Außenstoff: 1 Rechteck 22 x 52 cm
* Innenstoff: 1 Rechteck 22 x 52 cm
* Vlies: 22 x 52 cm
* Gummiband: 9 cm

NÄHEN

Den Außenstoff auf Vlies stecken. An einer kurzen Seite das Gummiband als Schlaufe mittig anbringen. Nun den Außenstoff rechts auf rechts (22 x 26 cm) zur Hälfte legen und beide Seitennähte nähen. Innentasche ebenso, aber mit seitlicher Wendeöffnung nähen.

Außentasche so in die Futtertasche stecken, dass die rechten Stoffseiten aufeinander liegen, gleichmäßig verteilen und zusammennähen. Das Etui durch die Öffnung des Futters wenden und die Wendeöffnung schließen. Bügeln Sie den oberen Rand und setzen Sie eine Ziernaht etwa 5 mm unterhalb der oberen Kante. Zum Schluss nähen Sie den Knopf von Hand an.

Alles an seinem Platz

MATERIAL

- Geblümter Stoff, 65 x 110 cm
- Karierter Stoff, 60 x 110 cm
- Zackenlitze, 2,80 m
- Pappstreifen zur Verstärkung
- Wasserlöslicher Markierstift

ZUSCHNITT

- Geblümter Stoff:
  2 Streifen je 32 x 100 cm,
  1 Streifen 4 x 10 cm für den Aufhänger
- Karierter Stoff:
  3 Rechtecke je 28 x 60 cm für die Taschen
- Pappstreifen 3,5 x 30 cm

NÄHEN

Verstürzen Sie zuerst den geblümten Streifen für die Aufhängeschlaufe. Auf einer linken Seite des geblümten Stoffes (kurze Seite) zeichnen Sie ein 15 cm hohes Dreieck mit einem wasserlöslichen Stift auf. Die beiden geblümten Stoffstreifen rechts auf rechts bündig aufeinander legen. Entlang der Stoffkanten und der Dreiecklinie nähen und in deren Spitze die Aufhängeschlaufe zwischenfassen. Vergessen Sie nicht, oben rechts eine etwa 15 cm große Wendeöffnung zu lassen und schneiden Sie den überschüssigen Stoff entlang der Dreieckspitze zurück. Das Teil nun auf rechts wenden und gut bügeln. Nähen Sie unterhalb des „Dreiecks" eine Quernaht, legen dort den Pappstreifen ein und nähen wieder eine Naht parallel dazu. Schließen Sie die Öffnung von Hand.

Die Rechtecke für die Taschen legen Sie jeweils auf die Maße 28 x 30 cm zur Hälfte und nähen Sie rechts auf rechts mit Wendeöffnung zusammen. Wenden und bügeln Sie die Taschenteile. Dann werden die Taschen im Abstand von 8 cm mit Zackenlitze knappkantig auf den Blümchenstoff genäht.

Auf Reisen gerne dabei

ROLLETUI

Größe
ca. 20 x 30 cm

Schwierigkeitsgrad
★★

MATERIAL

- Paisleystoff, 25 x 110 cm
- Blumenstoff, 25 x 110 cm
- Streifenstoff, 25 x 110 cm
- Vlies, 25 cm
- Gummiband, 35 cm
- Reißverschluss, 15 cm lang

ZUSCHNITT

- Paisleystoff: 1 Rechteck 32 x 22 cm
- Paisleystoff: 1 Rechteck 14 x 18 cm (Reißverschluss-Täschchen)
- Blumenstoff: 1 Rechteck 32 x 22 cm
- Vlies: 1 Rechteck 32 x 22 cm
- Streifenstoff: 1 Streifen 5 x 90 cm (Gummizug)
- Streifenstoff: 1 Rechteck 13 x 29 cm (Innentasche)
- Streifenstoff: 2 Streifen je 3 x 55 cm (Bänder)
- Streifenstoff: 1 Streifen 6,5 x 110 cm (Einfassung)

NÄHEN

Die beiden Rechtecke (32 x 22 cm) aus Paisley- und Blumenstoff, sowie das Vliesrechteck wie ein Sandwich aufeinander legen: die Stoffe liegen links auf links, dazwischen liegt das Vlies. Die drei Lagen mit der Maschine quilten oder durch dekorative Steppnähte verbinden. Den Streifen (5 x 90 cm) zu einem Schlauch nähen und wenden. Mit einer Sicherheitsnadel das Gummi durchziehen und beide Enden festnähen. Für die Innentasche das Rechteck aus Streifenstoff zur Hälfte (13 x 14,5 cm) rechts auf rechts legen auf beiden Seiten zusammennähen und wenden. Die Bruch- kante etwa 2,5 cm breit umbügeln. Für die Reißverschluss-Tasche das Stoffrechteck aus Paisleystoff ringsherum versäubern. Die beiden kurzen Kanten eingeschlagen an den Reißverschluss nähen. Lassen Sie den Ver- schluss halb geöffnet und steppen Sie beide Seitennähte rechts auf rechts. Wenden Sie die Tasche durch die Öffnung auf rechts. Die drei fertig gestellten Teile laut Abbildung auf dem Unterstoff anordnen und knappkantig auf das Rolletui aufnähen. Stoffstreifen zu Bändern nähen und ebenfalls anbringen. Zum Schluss den Stoffstreifen (6,5 x 110 cm) der Länge nach erst knappkantig und dann dop- pelt umbügeln und das Etui ringsherum damit einfassen. Dabei den Streifen erst auf der Innenseite mit der Nähmaschine, dann auf der Außenseite von Hand annähen.

WÄRMEFLASCHENHÜLLE

Größe
ca. 20 x 30 cm

Vorlage
Nr. 1 auf Seite 58

Schwierigkeitsgrad
★★

Kuschlige Wärme

MATERIAL

- Außenstoff, 30 x 140 cm
- Innenstoff, 30 x 140 cm
- Vlies, 30 cm

ZUSCHNITT

- Außenstoff: 2 Herzen laut Schablone, auf Vlies stecken
- Innenstoff: 2 Herzen laut Schablone, markieren
- Bindebänder: 4 Streifen je 3,5 x 30 cm

NÄHEN

Die Bänder nähen und an den Außenteilen (am Flaschenhals) anbringen. Je ein Außenteil und ein Innenteil bündig rechts auf rechts legen und ab der Markierung entlang der oberen Kontur füßchen-breit steppen. Wiederholen Sie diesen Vorgang mit den beiden anderen Teilen. Nun die beiden Außenteile wieder rechts auf rechts legen und ab der Naht die untere Kontur des Herzens nähen. Bei den Innenteilen genauso verfahren, allerdings eine seitliche Wendeöffnung lassen. Stülpen Sie den Wärmeflaschenbezug durch die Wende-öffnung, dann schließen Sie diese und bügeln die oberen Konturen.

NACKENROLLE

Größe
ca. 20 x 50 cm

Vorlage
Nr. 2 auf Seite 58

Schwierigkeitsgrad
★

Für müde Häupter

MATERIAL

- Streifenstoff, 35 cm
- Punktestoff, 15 cm
- Rosenstoff, 35 cm
- Festonspitze, 140 cm
- Doppelseitiges Bügelvlies
- Kissenfüllung, 20 cm Durchmesser, 50 cm lang

ZUSCHNITT

- Streifenstoff: 1 Rechteck 25 x 70 cm
- Streifenstoff: 2 Streifen je 5 x 65 cm
- Punktestoff: 2 Streifen je 7 x 70 cm
- Punktestoff: 2 Streifen je 3 x 100 cm
- Rosenstoff: 2 Rechtecke je 35 x 70 cm

NÄHEN

Versäubern Sie die Schnittkanten aller Stoffteile. Das Herz mithilfe der Schablone auf das Bügelvlies zeichnen, auf die linke Seite des Rosenstoffes bügeln und ausschneiden. Trägerpapier abziehen und das Herz in die Mitte des Streifenstoffes bügeln, dann mit einem Zierstich der Nähmaschine umnähen. Steppen Sie die Stoffstreifen aus Punktestoff (7 x 70 cm) rechts auf rechts an die Seiten des Streifenstoffes und bügeln Sie die Nahtzugaben nach außen. Nun nähen Sie die Festonspitze auf. Dann an beiden Seiten den Rosenstoff rechts auf rechts annähen. Die Nahtzugabe wieder nach außen bügeln. Für den Tunnelzug alle Kanten der beiden gestreiften Stoffstreifen (5 x 65 cm) 1 cm breit umbügeln und in der Mitte des Rosenstoffes aufnähen. Nähen Sie nun das Werkstück der Länge nach rechts auf rechts zu einem Schlauch zusammen und säumen Sie beide Seiten. Nähen Sie aus den Punktestoff-Streifen (3 x 100 cm) zwei Bänder und ziehen Sie diese durch die Tunnel. Nun können Sie die Kissenfüllung in die Hülle einziehen und die Bänder schließen.

NÄHKÖRBCHEN

Größe
ca. 30 x 50 cm

Vorlage
Nr. 3 und 7b auf Seite 58

Schwierigkeitsgrad
★★★

Immer alles griffbereit

MATERIAL

- Rosenstoff (A), 40 x 110 cm
- Rosenstoff (B) Außentaschen und Griffe, 40 x 110 cm
- Karostoff, 70 x 110 cm
- Vlies, 55 cm
- Einlage zur Verstärkung, 30 cm
- Füllwatte
- Klettband, 10 cm
- Rüschenband, 20 cm
- Wollreste, rot und grün
- 3 Knöpfe zum Verzieren
- Schrägband gepunktet, 220 cm

ZUSCHNITT

- Rosenstoff (A): 2 Rechtecke je 31 x 53 cm (Tasche), für den Boden an beiden Seiten 8 x 8 cm große Quadrate herausschneiden, beide Taschenteile auf Vlies stecken
- Karostoff: 2 Rechtecke je 31 x 53 cm (Futter-tasche), für den Boden an beiden Seiten 8 x 8 cm große Quadrate herausschneiden, beide Futterteile mit Einlage verstärken
- Rosenstoff (B): 4 Streifen je 15 x 53 cm, (Außentaschen), je 2 Streifen links auf links bündig mit einer Lage Vlies dazwischen aufeinander legen
- Karostoff: 1 Streifen 30 x 106 cm (Schaube)
- Rosenstoff (B): 2 Streifen je 9 x 45 cm (Griffe)
- Vlies: 2 Streifen je 4 x 45 cm (Griffe)
- Nadelläppchen, 1 Rechteck 10 x 20 cm
- Rosenstoff (A): Nadelkissen laut Schablone Nr. 3

NÄHEN

Beginnen Sie mit dem Nadelkissen. Mithilfe der Schablone Nr. 7b die Rose auf Stoff A aufzeich-nen und mit Rückstichen sticken. Oval aus-schneiden und Rüsche ringsum aufnähen. Ein weiteres Stoffoval ausschneiden, Klettband mittig aufnähen und rechts auf rechts auf das bestickte Oval nähen, Wendeöffnung nicht ver-gessen. Nadelkissen wenden, mit Watte füllen und Wendeöffnung schließen. Die vorbereite-ten (dreilagigen) Außentaschen an den langen Seiten mit Schrägband einfassen. Dann auf den Taschenteilen anbringen und beliebig große Fächer markieren und senkrecht absteppen.

Nadelläppchen zur Hälfte falten (10 x 10 cm) und bis auf die Wendeöffnung verstürzen. Teil wenden und eine Außenkante mit Zierstichen auf eine der Außentaschen aufnähen. Auf die gegenüberliegende Außentasche das Klettband (für das Nadelkissen) mittig aufnähen. Beide Taschenteile rechts auf rechts bündig aufein-ander legen und die Seitennähte schließen. Die Tasche so falten, dass ein Boden entsteht und nun die noch offenen Ecken zunähen. Die Futtertasche ebenso, aber mit Wendeöffnung nähen. Für die Griffe aus den Stoffstreifen Schläuche nähen und auf rechts wenden. Mithilfe einer Sicherheitsnadel die Vliesstrei-fen hineinschieben. Den Griff der Länge nach doppelt legen und zusteppen, dabei jeweils 5 cm an beiden Enden aussparen. Die Griffe an der Außentasche anbringen.

Den Stoff für die Schaube (30 x 106 cm) an einer langen Seite erst 1 cm dann 4 cm nach innen bügeln, knappkantig absteppen und einen etwa 2 cm breiten Tunnel steppen. Das Teil zu einem Ring schließen und die unge-säumte Kante an der Außentasche festheften.

Außentasche und Futtertasche ineinander stecken, sodass die rechten Stoffseiten auf-einander liegen und die Schaube zwischen-gefasst wird, gleichmäßig verteilen und zusam-mennähen. Tasche durch die Öffnung des Futters wenden und die Öffnung schließen. Etwa 5 mm unterhalb des oberen Randes eine Ziernaht setzen. Ein Band oder eine Kordel durch den Tunnel der Schaube ziehen. Das fertige Nähkörbchen mit Knöpfen verzieren.

KISSENHÜLLE

Größe
30 x 50 cm

Schwierigkeitsgrad
★

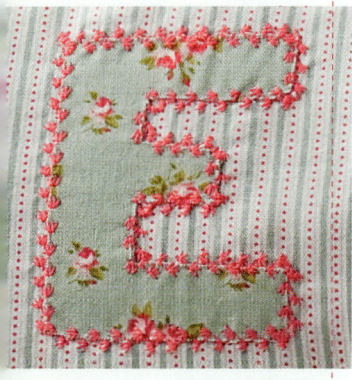

Zum Zurücklehnen

MATERIAL

- Rosenstoff, 35 x 140 cm
- Streifenstoff, 35 x 140 cm
- Punktestoff, 5 x 140 cm
- Kissenfüllung, 30 x 50 cm
- Doppelseitiges Bügelvlies
- Buchstaben-Schablonen ausdrucken, Schrift: Arial Black 300 pt

ZUSCHNITT

- Rosenstoff: 1 Rechteck 32 x 110 cm
- Streifenstoff: 1 Rechteck 32 x 100 cm
- Bänder: 4 Streifen je 5 x 35 cm
- Rosenstoff: Buchstaben seitenverkehrt mithilfe der Schablone auf das Bügelvlies zeichnen, auf die linke Seite des Rosenstoffes bügeln und ausschneiden

NÄHEN

Von den Buchstaben das Trägerpapier abziehen, dann auf einer Hälfte des Streifenstoffes gleichmäßig anordnen und aufbügeln. Umnähen Sie die Buchstaben mit verschiedenen Zierstichen der Nähmaschine. Legen Sie den Streifenstoff rechts auf rechts, nähen Sie die Seitennähte und versäubern Sie die Kanten. An der noch offenen Seite einen doppelten Saum einbügeln und steppen. Die Streifen (5 x 35 cm) jeweils der Länge nach doppelt legen, zusammennähen, wenden und beim Säumen der Kissenhülle aus Streifenstoff mitfassen. Der Kissenbezug aus Rosenstoff wird ohne Bänder genäht. Ziehen Sie die Kissenhüllen entgegengesetzt über die Füllung und schließen Sie die Bänder.

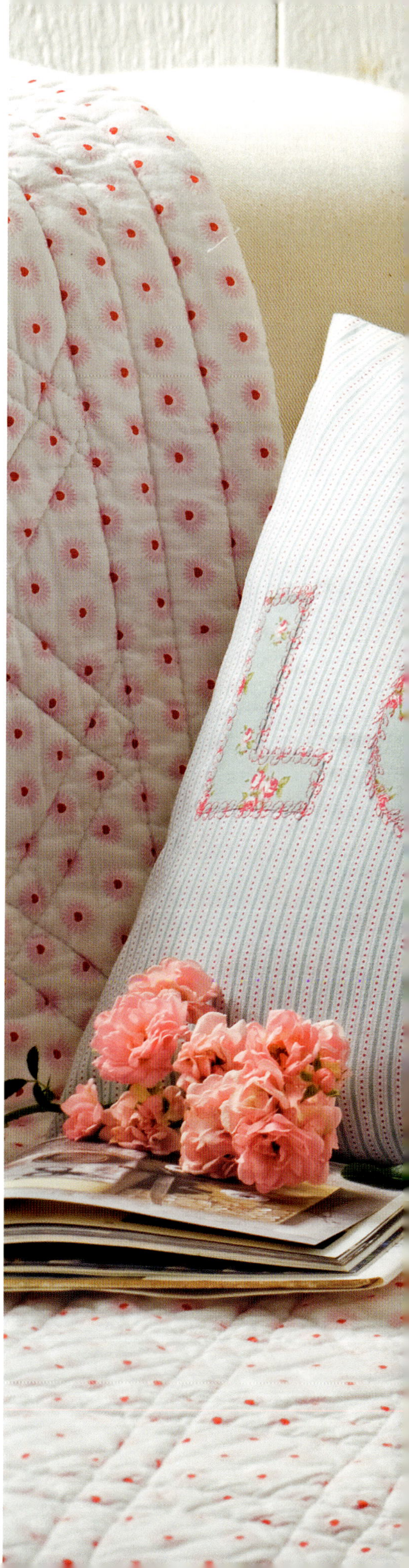

TISCHLÄMPCHEN

Größe
ca. 10 x 10 x 22 cm

Schwierigkeitsgrad
★★

Liebevoll beleuchtet

- Streifenstoff, 15 x 140 cm
- Rosenstoff, 10 x 140 cm
- Schrägband, 80 cm
- Rüschenband, 40 cm
- Doppelseitiges Bügelvlies
- Tischlampe mit rechteckigem Glasschirm
- Buchstaben-Schablonen ausdrucken,
  Schrift: Arial Black 200 pt

ZUSCHNITT

- Streifenstoff: 15 x 40 cm
- Rosenstoff: 6 x 40 cm
- Rosenstoff: 4 Buchstaben seitenverkehrt
  laut Schablone auf das Bügelvlies zeichnen,
  auf die linke Seite des Rosenstoffes bügeln
  und ausschneiden

NÄHEN

Die zugeschnittenen Stoffteile rechts auf rechts der Länge nach zusammensteppen und die Nahtzugaben zu einer Seite bügeln. Mit Heftstichen das Bezugteil zu einem Ring schließen und zur „Anprobe" über die Lampe stülpen. Ziehen Sie das Trägerpapier von den Buchstaben ab, ordnen Sie diese auf dem gestreiften Stoffteil gleichmäßig an und bügeln Sie die Buchstaben vorsichtig auf. Danach die Heftnaht wieder auftrennen und die Buchstaben mit verschiedenen Zierstichen der Nähmaschine umnähen. Fassen Sie die obere und untere Stoffkante jeweils mit Schrägband ein und bringen Sie an der Oberkante das Rüschenband an. Versäubern Sie die offenen Stoffkanten zusammen und nähen Sie zum Schluss das Bezugteil wieder zu einem Ring zusammen und ziehen es über die Lampe.

TEEDOSEN

Größe
je ca. 9 x 9 cm

Schwierigkeitsgrad
★

It's teatime

MATERIAL (pro Teedose)

- Baumwollstoff, zwei verschiedene Muster, je 10 x 110 cm
- Schrägband, 75 cm
- Doppelseitiges Bügelvlies
- Teedose
- Buchstaben-Schablone ausdrucken, Schrift: Arial Black 200 pt

ZUSCHNITT

- Bezugstoff: 1 Rechteck 9,5 x 34 cm
- Kontraststoff für Buchstaben

NÄHEN

Den zugeschnittenen Bezugstoff an den kurzen Seiten rechts auf rechts mit großen Heftstichen zu einem Ring schließen und über die Teedose stülpen. Die Buchstaben seitenverkehrt mit Hilfe der Schablone auf das Bügelvlies zeichnen, auf die linke Seite des zweiten Stoffes bügeln und ausschneiden. Das Trägerpapier von den Buchstaben abziehen und diese auf dem Bezugstoff gleichmäßig anordnen und vorsichtig aufbügeln. Die Heftnaht am Bezugstoff wieder auftrennen und die Buchstaben mit verschiedenen Zierstichen der Nähmaschine umnähen. Die obere und untere Stoffkante des Bezugs mit Schrägband einfassen und das Bezugteil wieder zu einem Ring zusammennähen. Versäubern Sie die noch offenen Stoffkanten zusammen. Sie können auch den Deckel der Teedose noch mit einer Schleife dekorieren.

WANDUHR

Durchmesser
ca. 28 cm

Schwierigkeitsgrad
★★

Für kreative Stunden

MATERIAL

- Punktestoff, 30 x 110 cm
- Karostoff, 10 x 110 cm
- Vlies, 30 cm
- Doppelseitiges Bügelvlies
- Schrägband, 80 cm
- 1 kreisrunde Unterlage (z. B. Holz oder Pappe) ca. 0,5 cm dick, Durchmesser 28 cm
- 1 Uhrwerk mit Zeigern
- Sprühkleber
- verschiedene Knöpfe, Sicherheitsnadel, Maßband
- Zahlenschablonen ausdrucken, Schrift: Tahoma fett 180 pt

ZUSCHNITT

- Punktestoff:
  1 Kreis mit 28 cm Durchmesser
- Vlies:
  1 Kreis mit 28 cm Durchmesser
- Unterlage: mittig ein etwa 1,5 cm großes Loch schneiden oder bohren.
- Karostoff: Zahlen mithilfe der Schablonen seitenverkehrt auf das Bügelvlies übertragen, auf die linke Stoffseite bügeln und ausschneiden

NÄHEN

Fixieren Sie den Stoffkreis mit Sprühkleber auf der Vlieseinlage. Wenn der Kleber getrocknet ist, verbinden Sie durch quilten oder durch dekorative Steppnähte mit der Nähmaschine die beiden Lagen miteinander. Fassen Sie den Stoffkreis ringsherum mit Schrägband ein.

Lösen Sie das Trägerpapier von den Zahlen, ordnen Sie diese auf dem Zifferblatt an und bügeln sie auf. Dann applizieren Sie die Zahlen mit der Nähmaschine.

Bringen Sie die Knöpfe, die Sicherheitsnadel und das Maßband im „Uhrzeigersinn" an.

Das fertige Zifferblatt auf die Unterlage leimen und vorsichtig ein Loch in die Mitte schneiden. Befestigen Sie Uhrwerk und Zeiger laut Anleitung.

MARMELADENHÄUBCHEN

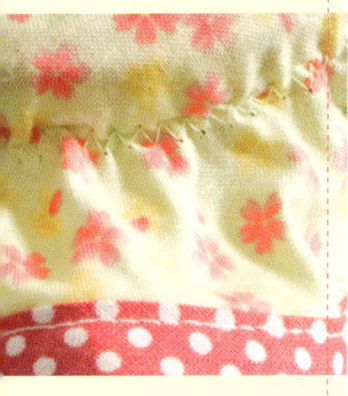

Größe
ca. 16 cm Durchmesser

Schwierigkeitsgrad
★

Süßes gut behütet

MATERIAL

- Baumwollstoff, 20 cm
- Schrägband, 35 cm
- wasserlöslicher Markierstift
- Nähgummi

ZUSCHNITT

- Baumwollstoff: 1 Stoffkreis mit 16 cm Durchmesser

NÄHEN

Den Stoffkreis ringsherum mit Schrägband einfassen. Mit einem wasserlöslichen Stift den inneren Kreis markieren und mit Nähgummi als Unterfaden entlang der gezeichneten Linie einen Zickzack-Stich setzen.

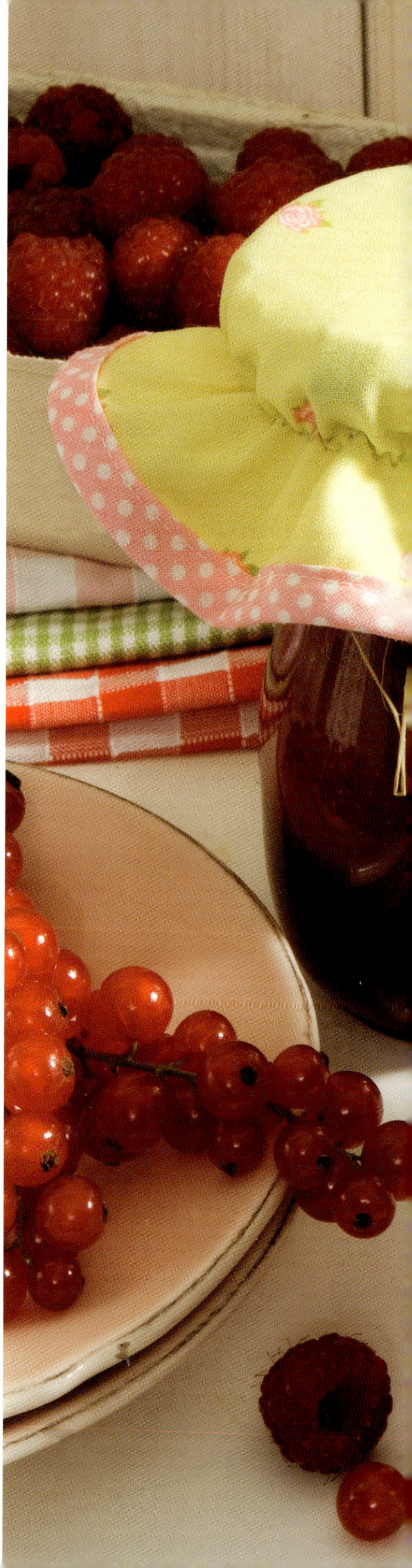

VASE MIT BLUMEN

Größe
Blumen ca. 15 x 11 cm
Vase Ø 10 cm

Vorlage
Nr. 4a–d auf Seite 58, 61

Schwierigkeitsgrad
★★

Zeitlose Blütenpracht

MATERIAL

- Grüner Rosenstoff, 20 x 110 cm
- Grüner Streifenstoff, 20 x 110 cm
- Karostoff, 15 x 110 cm
- Punktestoff, 15 x 110 cm
- Blumenstoff, 15 x 110 cm
- Vlies, 20 cm
- Einlage, 20 cm
- Füllwatte
- 3 Knöpfe

ZUSCHNITT

Achtung: In der Schablone für die Vase ist die Nahtzugabe enthalten, jedoch in den Blumenteilen nicht, da es einfacher ist, direkt auf gezeichneten Linien zu nähen.

- Vasenboden: 2 Kreise mit je 8,5 cm Durchmesser
- Vasenteil: 2 x laut Schablone Nr. 4c, Außenteile mit Vlies, Innenteile mit Einlage verstärken

Pro Blume:
- 2 Streifen, 10 x 18 cm (Stängel Nr. 4a)
- 2 Quadrate, 16 x 16 cm (Blüte Nr. 4b)
- 2 Rechtecke, 10 x 20 cm (Blätter Nr. 4d)

NÄHEN

Das Vasenteil rechts auf rechts legen und zu einem Ring nähen, dann das Bodenteil annähen. Bei der Innenvase wiederholen Sie den Vorgang, lassen allerdings eine seitliche Wendeöffnung. Nun verstürzen Sie beide Vasenteile recht auf rechts. Schließen Sie die Wendeöffnung und bügeln Sie den oberen Rand gut aus. Mit Hilfe der Schablonen zeichnen Sie die entsprechenden Blumenteile jeweils auf die linke Seite des Stoffes und nähen die beiden Stofflagen rechts auf rechts genau auf der Linie zusammen, dabei die Wendeöffnung nicht vergessen. Schneiden Sie alle Teile bis zur Nahtzugabe aus und die Ecken schräg ab. An den Rundungen müssen Sie die Nahtzugabe bis dicht an die Stepplinie einschneiden, bei sehr starken Rundungen Kerben einschneiden. Den Stängel und die Blume gut mit Füllwatte stopfen und von Hand zusammen nähen, die Wendeöffnungen von Hand schließen. Nähen Sie nun die Knöpfe in die Blütenmitte und bringen Sie die Blätter an.

WELCOME-GIRLANDE

Größe
ca. 2 m x 20 cm

Schwierigkeitsgrad
★★

Ein Herz für Besucher

MATERIAL

- Karostoff, 20 x 110 cm
- Streifenstoff, 20 x 110 cm
- Blumenstoff, 20 x 110 cm
- Füllwatte
- Schleifenband, 2 m lang
- 9 Holzwäscheklammern, 4,5 cm groß
- Buchstaben-Schablonen ausdrucken,
  Schrift: Arial Black 600 pt

ZUSCHNITT

- 2 Stoffquadrate: ca. 20 x 20 cm
  pro Buchstabe

NÄHEN

Zeichnen Sie die Buchstaben mithilfe der Schablonen auf die linke Seite des jeweiligen Stoffes auf. Stoffe rechts auf rechts legen und nun genau auf den gezeichneten Linien nähen, dabei die Wendeöffnung nicht vergessen. Schneiden Sie alle Teile bis knapp an die Nahtzugabe aus. An den Ecken schneiden Sie die Zugaben schräg ab und an den Rundungen schneiden Sie bis dicht an die Stepplinie ein. Bei sehr starken Rundungen schneiden Sie Kerben ein. Wenden und bügeln Sie die Buchstaben. Anschließend werden sie gut, aber nicht zu viel, mit Füllwatte gestopft. Schließen Sie die Wendeöffnungen von Hand. Nun können Sie die Stoffbuchstaben mit Wäscheklammern an dem Schleifenband befestigen und Ihre Girlande dekorieren.

Dekoratives Willkommen

GARDEROBE

Größe
ca. 25 x 60 cm

Vorlage
Nr. 5 auf Seite 59

Schwierigkeitsgrad
★★

MATERIAL

- Blümchenstoff, 35 x 110 cm
- Karostoff, 20 x 110 cm
- Vlies, 35 cm
- Doppelseitiges Bügelvlies
- Holzplatte, 25 x 60 cm, 1,5 cm dick
- 3 Möbelknöpfe
- Tacker

ZUSCHNITT

- Blümchenstoff: 35 x 70 cm
- Vlies: 35 x 70 cm
- Karostoff: 3 Blumenmotive laut Schablone auf das Bügelvlies übertragen, auf die linke Stoffseite bügeln und ausschneiden.

NÄHEN

Ziehen Sie das Trägerpapier von den Karostoff-Blumen ab und ordnen Sie diese auf dem Blümchenstoff mittig an, anschließend aufbügeln. Umnähen Sie die Blütenmotive mit Zierstichen der Nähmaschine. Fixieren Sie zuerst die Vlieseinlage auf der Holzplatte und befestigen Sie dann den Stoff mit dem Tacker auf der Rückseite. Bringen Sie in der Mitte jeder applizierten Blume einen Möbelknopf an.

Mit herzigem Anhang

Größe
ca. 6 x 10 cm

Vorlage
Nr. 6 auf Seite 59

Schwierigkeitsgrad
★

MATERIAL

- Punktestoff, 10 x 110 cm
- Karostoff, 10 x 110 cm
- Schrägband, 20 cm
- Klettband, 3 cm
- Füllwatte
- 1 Schlüsselring

ZUSCHNITT

- Karostoff: 4 Rechtecke je 7 x 11 cm
- Punktestoff: 2 Herzchen laut Schablone

NÄHEN

Auf die rechte Seite eines der Karorechtecke das Klettband (flauschiges Teil) mittig aufnähen. Nun jeweils zwei Karorechtecke rechts auf rechts mit Wendeöffnung nähen, verstürzen und ausbügeln. Das Schrägband der Länge nach doppelt legen und knappkantig absteppen. Auf die rechte Seite des Punktestoffes den anderen Teil des Klettbandes (Hakenseite) aufnähen. Mithilfe der Schablone das Herz auf die linke Seite des Stoffes zeichnen, die beiden Punktestoffe rechts auf rechts aufeinander legen und genau auf der gezeichneten Linie nähen. Fassen Sie dabei das Schrägband in der Spitze des Herzens mit und vergessen Sie die Öffnung zum Wenden nicht. Das Herzchen verstürzen, etwas mit Watte füllen und die Wendeöffnung von Hand schließen. Den Schlüsselring am Ende des Bandes anbringen. Die beiden Karorechtecke bündig aufeinander legen - das Schrägband dazwischen - und ringsherum schmalkantig zusammennähen. Dabei jeweils in der Mitte der kurzen Kanten eine Öffnung lassen, die auf der Schlüsselseite groß genug ist, um den Schlüsselring durchgleiten zu lassen und auf der gegenüberliegenden Seite so klein ist, dass das Herzteil nicht durchrutscht. Klettet man das Herzchen auf das Rechteck, verschwindet der Schlüssel zwischen den Karorechtecken, löst man das Herz, fällt der Schlüssel durch das Eigengewicht heraus.

HANDTÄSCHCHEN

Größe
ca. 20 x 25 cm

Vorlage
Nr. 7a und b auf Seite 59

Schwierigkeitsgrad
★★

Für Lippenstift und Puderdose

MATERIAL

- Karostoff, 40 x 140 cm
- Punktestoff, 30 x 140 cm
- Vlies, 25 cm
- Einlage zur Verstärkung, 25 cm
- Doppelseitiges Bügelvlies
- Wollreste, pink und grün
- 1 Knopf
- Wasserlöslicher Markierstift

ZUSCHNITT

- Karostoff: 2 Taschenteile laut Vorlage
- Karostoff: 1 Seiten-/Bodenteil 15 x 55 cm, auf Vlies stecken
- Karostoff: 2 Henkelstreifen je 8 x 120 cm
- Punktestoff: 2 Taschenteile laut Vorlage
- Punktestoff: 1 Seiten-/Bodenteil 15 x 55 cm, mit Einlage verstärken
- Punktestoff: 4 Bänderstreifen je 4 x 35 cm für Henkel
- Vlies: 2 Streifen je 4 x 33 cm
- Punktestoff: 1 Verschlussstreifen 5 x 10 cm (Schlinge für Knopf)
- Punktestoff für Stickerei

NÄHEN

Mithilfe der Schablone die Rose auf den Punktestoff zeichnen. Verwenden Sie einen wasserlöslichen Stift dazu. Sticken Sie die Rose mit einem Rückstich auf. Zeichnen Sie mithilfe der Schablone Nr. 3 auf S. 58 ein Oval auf das Bügelvlies und bügeln Sie es auf die linke Seite des gestickten Röschens. Dann schneiden Sie das Oval aus. Entfernen Sie das Trägerpapier, bügeln Sie das Oval auf ein Taschenteil und applizieren Sie es mit einem Zierstich der Nähmaschine. Bänder und Knopfschlinge nähen und an den entsprechenden Außenteilen anbringen. Ein Taschenteil und Seiten-/Bodenteil rechts auf rechts entlang der seitlichen und unteren Taschenkontur aneinander nähen. Zweites Taschenteil ebenfalls annähen. Für die Henkel je zwei Streifen zu Schläuchen nähen und wenden. Die Vliesstreifen in der Mitte falten, der Länge nach feststeppen und mit einer Sicherheitsnadel in die Schläuche ziehen. Die Vliesenden müssen an beiden Seiten herausschauen und festgenäht werden. Die Henkel an der Außentasche fixieren. Die Futtertasche mit Wendeöffnung nähen. Außentasche und Futtertasche so ineinander stecken, dass die rechten Stoffseiten aufeinander liegen, gleichmäßig verteilen und nähen. Tasche durch die Öffnung im Futter wenden. Wendeöffnung schließen. Den oberen Rand bügeln und etwa 5 mm unterhalb der oberen Kante eine Ziernaht setzen. Seitliche Schleifen binden und zum Schluss den Knopf passend zur Schlinge von Hand annähen.

WÄSCHEBEUTEL

Größe
ca. 40 x 50 cm

Vorlage
Nr. 8a und b auf Seite 60

Schwierigkeitsgrad
★

MATERIAL

- Rosenstoff, 40 x 110 cm
- Karostoff, 10 x 110 cm
- Blümchenstoff, 3 verschiedene Muster, je ca. 10 x 15 cm für die Applikationen
- 2 Bänder oder Kordeln, ca. 90 cm lang
- Doppelseitiges Bügelvlies

ZUSCHNITT

- Rosenstoff: 40 x 110 cm
- Karostoff: 2 Streifen je 5 x 40 cm
- Blümchenstoff: 3 x nach Vorlagen

NÄHEN

Für die Wäscheleine eine leicht gebogene Linie mit der Nähmaschine auf den Rosenstoff steppen. Mithilfe der Schablonen drei Kleider auf das Bügelvlies zeichnen, diese auf die Rückseite der verschiedenen Blümchenstoffe bügeln und sauber ausschneiden. Das Trägerpapier abziehen, die Kleidchen an der Wäscheleine verteilen und aufbügeln. Mit Zierstichen umnähen.

Für den Tunnelzug die beiden Stoffstreifen ringsherum 1 cm nach innen bügeln und jeweils etwa 8 cm unterhalb des oberen Randes schmalkantig aufnähen. Nun den Stoff rechts auf rechts zu einem Beutel zusammennähen (der Bruch bildet dabei die untere Kante), auf rechts wenden und den oberen Rand säumen. Die Bänder oder Kordeln jeweils gegeneinander durch die Tunnel ziehen.

KLEIDERBÜGEL

Größe
ca. 45 x 15 cm

Vorlage
Nr. 9 auf Seite 59

Schwierigkeitsgrad
★

Gut aufgehängt

MATERIAL (pro Kleiderbügel)

- Baumwollstoff, 20 cm
- Stoff für Applikationen, ca. 10 x 15 cm
- Vlies, 20 cm
- Doppelseitiges Bügelvlies
- 2 Knöpfe
- 1 Kleiderbügel

ZUSCHNITT

Da es viele verschieden geformte Kleiderbügel gibt, kann man sich ganz einfach selber eine passende Schablone erstellen. Legen Sie den gewünschten Bügel auf ein Blatt Papier und zeichnen Sie mit einer Zugabe von 1,5 cm die Außenlinie nach. Jetzt können Sie Ihre Schablone ausschneiden.
- Baumwollstoff: 2x nach Bügel-Schablone
- Vlies: 1x nach Bügel-Schablone
- Applikation: 1x nach Vorlage

NÄHEN

Fertigen Sie zuerst die Applikation, wie beim Wäschebeutel beschrieben. Nun die drei Lagen (2x Stoff, 1x Vlies) rechts auf rechts legen und füßchenbreit steppen. Die Vlieslage befindet sich dabei auf einer linken Stoffseite, damit sie nach dem Wenden im Inneren des Bezugs liegt. Lassen sie eine etwa 2 cm große Nahtöffnung in der oberen Mitte für den Haken und eine möglichst große Öffnung an der unteren Seite. Den Bezug wenden, den Kleiderbügel hineinstecken und die verbliebene Öffnung mit der Maschine zunähen. Jetzt können Sie die Knöpfe von Hand annähen und den Bügel mit einem Schleifchen dekorieren.

Größe
ca. 28 x 30 cm

Vorlage
Nr. 9 und 10 auf Seite 59, 60

Schwierigkeitsgrad
★

Praktisch und hübsch verpackt

MATERIAL

- Karostoff, 30 cm
- Rosenstoff, 30 cm
- Schrägband, 40 cm
- Doppelseitiges Bügelvlies
- 1 Kinderkleiderbügel

ZUSCHNITT

Sollte die Form der Schablone nicht zu Ihrem Kleiderbügel passen, muss diese vor dem Zuschnitt entsprechend abgeändert werden.

- Rosenstoff: 2 x laut Schablone, bei einem Teil zusätzlich die Öffnung herausschneiden
- Karostoff: 1 x laut Schablone, allerdings nur bis zur gestrichelten Linie zuschneiden
- Applikation: 1 x nach Vorlage

NÄHEN

Mithilfe der Schablone den Kleiderumriss auf das Bügelvlies zeichnen, dieses auf die Rückseite des Karostoffs bügeln und sauber ausschneiden. Das Trägerpapier abziehen, das Kleidchen auf die Vorderseite des Klammerbeutels bügeln und mit Zierstichen umnähen.

Alle Teile ringsherum versäubern und die Öffnung mit Schrägband einfassen. Das vordere Beutelteil auf den karierten Stoff bündig legen, mit Stecknadeln fixieren und rechts auf rechts mit dem Rückenteil zusammennähen, dabei eine etwa 2 cm große Nahtöffnung für den Haken lassen. Den Klammerbeutel wenden und den Kleiderbügel hineingeben.

LAMPENSCHIRM

Höhe
ca. 23 cm

Schwierigkeitsgrad
★

Für romantische Beleuchtung

MATERIAL

- Karostoff, 20 x 110 cm
- Blumenstoff, 10 x 110 cm
- Zackenlitze, 110 cm
- Rüschenband, 110 cm
- Gummiband, ca. 35 cm

ZUSCHNITT

- Karostoff: 1 Stoffstreifen 20 x 110 cm
- Blumenstoff: 1 Stoffstreifen 10 x 110 cm

NÄHEN

Karostoff und Blumenstoff rechts auf rechts der Länge nach aneinander nähen. Die kurzen Seiten versäubern. Die Nahtzugabe zur Seite des geblümten Stoffes umbügeln. Nun die lange Kante des Blumenstoffes 1 cm nach innen, dann bis zum Ansatz des Karostoffes einschlagen und bügeln. Dann die Kante schmalkantig absteppen. Für den Gummizug einen etwa 1 cm hohen Tunnel steppen, genau an der Ansatzkante des Blumenstoffes. Die untere Kante des Karostoffes mit einem Rollsaum, z. B. mit Blindstich, versäubern, mit Zackenlitze und Rüschenband verzieren.

Nun die kurzen Seiten rechts auf rechts zusammennähen dabei eine kleine Öffnung für den Gummizug lassen. Das Gummiband mithilfe einer Sicherheitsnadel durch den Tunnel ziehen und die Enden gut vernähen.

Größe
DIN A5

Vorlage
Nr. 11a und b auf Seite 61

Schwierigkeitsgrad
★★

Für Leseratten

MATERIAL

- Rosenstoff, 25 x 110 cm
- Karostoff, 10 x 110 cm
- Vlies, 25 cm
- Doppelseitiges Bügelvlies
- 1 Druckknopf zum Einstanzen

ZUSCHNITT

- Rosenstoff: 2 Rechtecke je 24,5 x 34,5 cm
- Rosenstoff: 2 Innenstreifen je 24,5 x 20 cm
- Karostoff: 2 Riegel laut Schablone
- Karostoff/Bügelvlies: 4 Buchecken laut Schablone

NÄHEN

Mithilfe der Schablone vier Buchecken auf das Bügelvlies zeichnen, auf die Rückseite des Karostoffes bügeln und ausschneiden. Ein Rosenstoff-Rechteck (24,5 x 34,5 cm) auf Vlies stecken. Das Trägerpapier von den Buchecken abziehen und diese auf das vorbereitete Rechteck an allen vier Ecken aufbügeln. Dann applizieren Sie die Ecken mit einem Zierstich auf den Rosenstoff. Unterseite des Druckknopfes laut Anleitung einstanzen. Die beiden Riegel und eine Vlieslage rechts auf rechts nähen, wenden und die Oberseite des Druckknopfes entsprechend anbringen. Den Riegel mittig auf die rechte Seite nähen. Die Innenstreifen (24,5 x 20 cm) zur Hälfte legen (24,5 x 10 cm) und auf einem Rosenstoff beidseitig fixieren. Beide Rosenstoff-Rechtecke rechts auf rechts, mit zwischengefassten Innenstreifen, aufeinander nähen, dabei die Wendeöffnung nicht vergessen. Das Teil wenden, gut ausbügeln und die Wendeöffnung schließen.

MAGNET–HERZEN

Größe
ca. 7 x 7 cm

Vorlage
Nr. 12 auf Seite 61

Schwierigkeitsgrad
★

Dekorativ & anziehend

MATERIAL

- Stoffreste verschiedener Stoffe
- Satinröschen
- Magnete, 0,5 cm Durchmesser
- Füllwatte

ZUSCHNITT

- Stoff: 2 Quadrate je 9 x 9 cm pro Herz

NÄHEN

Mithilfe der Schablone das Herz auf die linke Seite des einen Stoffquadrates zeichnen. Beide Quadrate rechts auf rechts aufeinander legen und genau auf der gezeichneten Linie steppen. An einer geraden Seite des Herzens eine etwa 3 cm große Wendeöffnung lassen. Schneiden Sie das Herz bis knapp an die Nahtlinie aus und schneiden Sie die Nahtzugabe oben ein.

Das Herzchen wenden, mit Watte füllen und einen Magneten einlegen. Schließen Sie die Wendeöffnung von Hand und verzieren Sie das Herz mit einem Satinröschen.

HANDYTASCHE

Größe
ca. 8 x 15 cm

Vorlage
Nr. 12 auf Seite 61

Schwierigkeitsgrad
★★

Ruf doch mal an

MATERIAL

- Rosenstoff, 10 cm
- Karostoff, 10 cm
- Vlies, 10 cm
- Klettband, ca. 3 cm
- Doppelseitiges Bügelvlies

ZUSCHNITT

- Rosenstoff: 2 Streifen je 10 x 26 cm
- Karostoff: 1 Streifen 10 x 24 cm
- Vlies: 10 x 26 cm
- Vlies: 10 x 12 cm

NÄHEN

Das Herz mithilfe der Schablone auf Bügelvlies zeichnen, auf die linke Seite des Karostoffes bügeln und ausschneiden. Trägerpapier abziehen und das Karo-Herz auf einen Streifen des zugeschnittenen Rosenstoffs bügeln. Mit einem Zierstich der Nähmaschine umnähen. Den anderen Rosenstoff auf Vlies stecken. Den Karostoff auf eine Größe von 10 x 12 cm links auf links zur Hälfte legen, bügeln und den passenden Vliesstreifen dazwischen legen. Auf die rechte Seite des Karostoffes die Hakenseite des Klettbandes nähen, anschließend den Karostoff auf den mit Vlies versehenen Rosenstoff stecken. Nun entsprechend die flauschige Seite des Klettbandes auf dem Rosenstoff annähen. Den Rosenstoff mit der Herz-Applikation rechts auf rechts auflegen und ringsherum steppen, Wendeöffnung an der Klappenseite nicht vergessen. Nähteil wenden und schmalkantig eine Ziernaht an der Taschenklappe setzen, dabei gleichzeitig die Wendeöffnung schließen.

Material und Werkzeuge

Nähmaschinen-Nadeln

Die zu verwendende Stärke hängt von Stoff- und Garnstärke ab. In den Herstellerangaben der Nähmaschinen sind entsprechende Tabellen zu finden. Generell gilt: Je höher die Nadelnummer, desto dicker die Nadel. Für feinere Stoffe wie Batist, Seide, Tüll und Taft feine Nadeln, für Baumwollstoffe mittelstarke Nadeln und für festere Stoffe wie Deko- und Möbelstoffe stärkere Nadeln verwenden. Nähmaschinennadeln sind Verschleißteile und müssen immer wieder ausgetauscht werden. Wenn der Faden oft reißt oder das Stichbild ungleichmäßig ist, kann dies an einer schadhaften Nadel liegen.

Garne

Bei der Garnwahl stets auf gute Qualität achten, um reißende Fäden, ärgerliche Knoten, Schlaufen und springende Spulen zu vermeiden. Synthetikgarne sind unverwüstlich, werden auch als „Allesnäher" bezeichnet und leisten gerade zum Einstieg gute Dienste. Daneben gibt es Baumwoll- oder feine Seidengarne. Heftgarn (auch Reihgarn genannt) besteht aus lose verzwirnter Baumwolle und kann leicht zerrissen und rasch entfernt werden.

Stecknadeln, Nähnadeln

Stecknadeln sind unverzichtbar zum Fixieren von Stofflagen aufeinander. Tipp: Stecknadeln immer quer zur Nährichtung stecken, dann kann man sie beim Nähen leichter herausziehen. Zum Heften und für Handstiche immer eine Auswahl Universalnadeln bereithalten.

Schneidelineal, Rollschneider, Schneideunterlage

Teile mit geraden Kanten und Streifen lassen sich damit sehr gut und schnell schneiden. Diese verhältnismäßig teuren Anschaffungen lohnen sich aber nur, wenn Sie häufig nähen.

Maßband und Kreide

Das Maßband ist unerlässlich beim Zuschnitt und bei der passgenauen Näharbeit. Mit Schneiderkreide und wasserlöslichen Makierstiften werden die verschiedenen Schnittteile auf den Stoff aufgezeichnet. Schneiderkreide wird mit der Zeit wieder unsichtbar, sollte aber besser auf der linken Stoffseite verwendet werden. Sie eignet sich besonders, wenn lange Schnittstrecken markiert werden sollen.

GRUNDMATERIAL

- Nähmaschine
- passendes Nähgarn
- Heftgarn
- Nähnadeln, Stecknadeln
- Stoffschere
- Papier, Papierschere
- Bleistift
- Lineal, Maßband
- Schneiderkreide
- Bügeleisen, Bügeltuch
- Schneideunterlage

Hinweis

Um Wiederholungen zu vermeiden, sind die Grundmaterialien in den einzelnen Modell-Anleitungen nicht mehr erwähnt.

Grundbegriffe des Nähens

Stoffbruch

Bei der doppelten Stofflage entsteht eine Faltlinie, die als Stoffbruch bezeichnet wird. Auf einem Schnitt bezeichnet der Stoffbruch die Mitte eines Schnittteils und ist meist als Bruchlinie dargestellt. Dort wird der Stoff gefaltet und die entsprechende Kante des Schnitts ohne Nahtzugabe aufgelegt. An dieser Stelle entsteht keine Naht.

Fadenlauf

Jedes Gewebe besteht aus Kettfäden (längs) und Schussfäden (quer). Der Fadenlauf entspricht der Richtung der Kettfäden und verläuft parallel zur Gewebekante. Der Zuschnitt sollte immer im Fadenlauf erfolgen, damit sich der Stoff nicht verzieht. Falls der Stoff keine Strichrichtung hat, z. B. bei Baumwollstoffen in Leinwandbindung, können Sie, um Stoff zu sparen, auch entlang der Schussfäden schneiden, jedoch niemals schräg dazu.

Waschen und Bügeln

Bevor Sie anfangen zu nähen, waschen Sie den Stoff, um späteres Einlaufen zu vermeiden. Den Stoff immer vor Beginn der Näharbeiten und zwischen den einzelnen Arbeitsschritten bügeln. Empfindliche Stoffe zum Bügeln mit einem sauberen Baumwolltuch bedecken.

Rechte und linke Stoffseite

Jeder Stoff hat eine rechte und eine linke Stoffseite. Die rechte Seite entspricht der Stoffaußenseite. Bei bedruckten Stoffen ist diese leicht zu erkennen, da hier das Muster deutlicher zu sehen ist. Wird ein Stoff rechts auf rechts gelegt, befindet sich die Stoffaußenseite (rechte Seite) innen und die („weniger schöne") linke Seite außen. Liegt ein Stoff links auf links, befindet sich die rechte Seite außen und die linke innen.

Nahtzugabe

Wird ein Stoff zu nah an der Kante genäht, reißen Naht und Stoff leicht auf. Deswegen in der Regel beim Zuschnitt eine Nahtzugabe von 1 cm hinzurechnen. Bei den Vorlagen zu den Modellen im Buch ist die Nahtzugabe bereits mit eingezeichnet.

Fadenspannung

Je nach Stoffart muss die Fadenspannung der Nähmaschine reguliert werden, damit keine Garnschlaufen entstehen. Am besten zunächst ein kleines Teststück anfertigen.

Bügelvlies

Dieses Einlagematerial verleiht Stoffen Form und Halt. Bügelvliese gibt es in verschiedenen Stärken; Sie lassen den Stoff nach dem Aufbügeln steif werden. Einseitige Bügelvliese haben eine Klebeseite (= linke Vliesseite), die meist etwas rauer ist und leicht glänzt. Diese auf der linken Stoffseite platzieren. Anschließend das Bügelvlies mit einem Bügeltuch abdecken und nach Herstellerangaben aufbügeln. Angaben zur Bügeltemperatur sind in der Regel auf das Vlies aufgedruckt. Die Verarbeitung von doppelseitigem Bügelvlies finden Sie auf Seite 57 unter dem Stichwort „Applizieren".

Stoffmengen

Die Stoffmenge wird bei allen Modellen so angegeben, dass ein Einlaufen der Stoffe von 3-5 % einberechnet ist. Die Breite entspricht entweder dem handelsüblichen Angebot von 140 cm, manchmal auch 150 cm oder es ist nur das tatsächlich benötigte Maß angegeben, damit man auf einen Blick sehen kann, ob auch ein Stoffrest noch ausreicht.

Heften und Stecken

Stoffteile immer erst mit Stecknadeln fixieren oder rasch von Hand heften. So können die Stoffteile beim Nähen nicht verrutschen oder Falten werfen. Achtung: Stecknadeln quer zur Nährichtung in den Stoff stecken und beim Nähen Stück für Stück herausziehen, sonst kann die Nähnadel abbrechen.

Grundtechniken des Nähens

Nahtzugabe versäubern

Damit die Stoffkanten nicht ausfransen, sollten die Nahtzugaben versäubert werden. Hierzu eignet sich der Zickzack-Stich oder ein Overlock-Stich. Falls die beiden Nahtzugaben einer Naht getrennt versäubert werden, geschieht dies, bevor die Naht genäht wird. Falls die Nahtzugaben zusammen versäubert werden, wird zuerst die Naht geschlossen und dann werden beide Kanten mit einer Zickzack-Naht versäubert.

Verstürzte gerade Naht

‚Stoffe verstürzen' bedeutet, dass die rechten Stofflagen zunächst im Inneren des Nähguts liegen, die Schnittkanten liegen bündig aufeinander. Anschließend wird die Naht mit einem Geradstich geschlossen und das Teil dann gewendet, so dass die rechten Seiten außen liegen, die Nahtzugaben innen. Bei Ecken ist es wichtig, dass die Nahtzugaben vor dem Wenden schräg abgeschnitten werden, damit sie sich nachher besser legen.

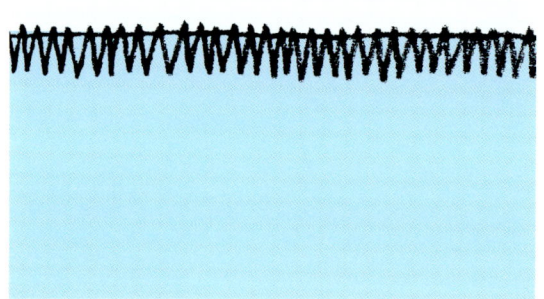

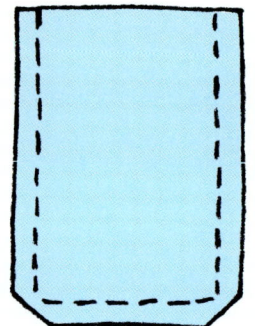

Nähte verriegeln

Jede Naht muss am Anfang und Ende vernäht werden, damit sie sich nicht wieder auflöst. Diesen Vorgang nennt man „Verriegeln": Am Nahtbeginn drei bis vier Stiche nähen, dann die Rückwärtstaste drücken und drei bis vier Stiche zurücknähen, bevor die ganze Naht erneut vorwärts genäht wird. Das Nahtende mit drei bis vier Rückwärtsstichen sichern.

Verstürzte Naht: Rundungen

Bei Rundungen die Nahtzugaben vor dem Wenden in kleinen Abständen bis ca. 1 mm vor die Naht einschneiden. Nur wenn die Nahtzugaben eingeschnitten werden, liegt die gebogene Kante nach dem Verstürzen schön flach.

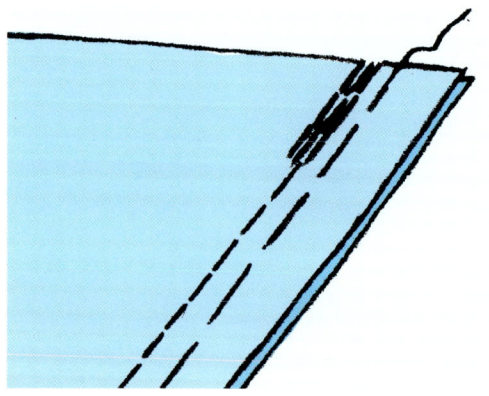

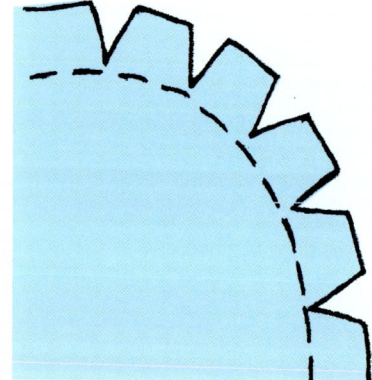

Schrägband: Gerade Kanten einfassen

Schrägband ist im Handel bereits vorgefalzt erhältlich. Dieses Band noch einmal zur Hälfte legen und einen Mittelfalz einbügeln. Die Stoffkante an den Mittelfalz des Schrägbandes schieben und zunächst mit Stecknadeln fixieren. Das Schrägband sollte gerade laufen und auf der Stoffvorder- und -rückseite gleich breit liegen. Anschließend das Schrägband feststeppen.

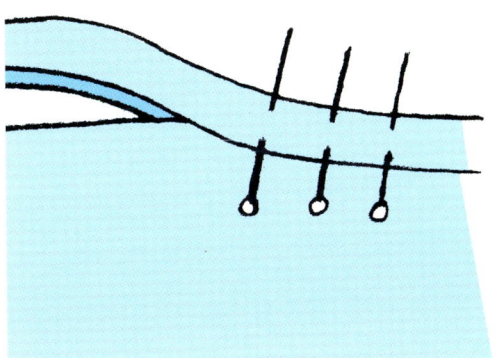

Spitze annähen

Die Spitze wird rechts auf rechts auf den Stoff gelegt, so dass die gerade Seite der Spitze an der Stoffkante liegt. Dann Spitze und Stoff mit angegebenem Abstand zur Kante zusammennähen, Nahtzugaben versäubern und nach links umbügeln. Zum Schluss den Stoff nach Anleitung absteppen. Bei Rundungen und Ecken die Spitze an der Außenkante einhalten und an der Innenkante dehnen, so dass die Spitze glatt liegt, wenn sie nach außen umgeschlagen wird.

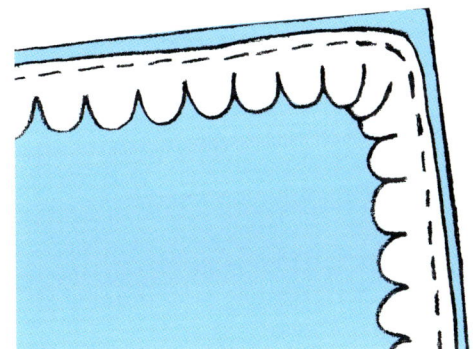

Schrägband: Ecken und Rundungen einfassen

Zunächst die gerade Kante mit vorgefalztem Schrägband einfassen und bis zur Ecke steppen. Dann das Schrägband aufklappen, diagonal falten und feststecken. Die folgende gerade Kante ebenfalls mit Stecknadeln fixieren, dann feststeppen. Bei Rundungen das Schrägband an der Außenkante dehnen und an der Innenkante einhalten.

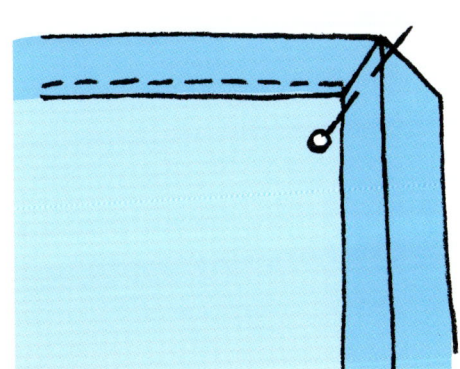

Ecke abnähen

Die entsprechende Ecke so falten, dass an der Spitze ein Dreieck entsteht, bei dem die Naht die Mitte bildet. Dieses Dreieck quer zur bestehenden Naht absteppen. In der Anleitung ist immer die Höhe des abzunähenden Dreiecks angegeben, die entlang der bestehenden Naht gemessen wird.

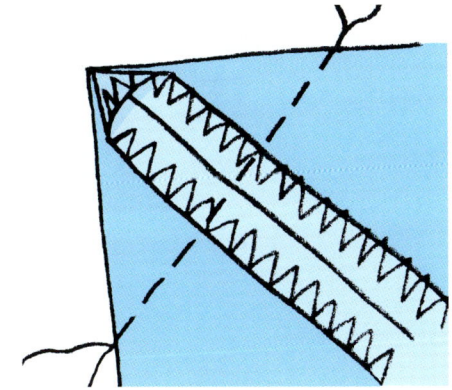

Besondere Nähtechniken

Doppelter Einschlag mit Zugband

Der doppelte Einschlag, auch als Saum bezeichnet, ist ein sauberer, abgesteppter Abschluss von offenen Stoffkanten. Die Stoffkante wird zunächst einmal in der gewünschten Breite nach links umgeschlagen, gebügelt, ein weiteres Mal umgeschlagen und erneut flach gebügelt. Anschließend wird der Saum entlang der Bruchkante von links festgesteppt.

Beidseitig verdeckter Reißverschluss

Den Reißverschlussfuß an der Nähmaschine einsetzen. Nahtzugaben der beiden Stoffkanten, an denen der Reißverschluss eingesetzt wird, versäubern. Die Reißverschlusslänge einzeichnen. Die Naht zu beiden Seiten des Reißverschlusses schließen, Nahtzugaben auseinanderbügeln und die Stoffkanten an der Öffnung in gleicher Breite umbügeln. Den Reißverschluss öffnen und so unter die umgebügelten Kanten heften, dass die Zähnchen mit der Stoffkante abschließen.

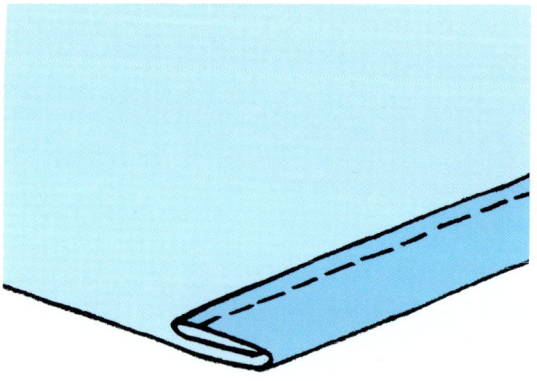

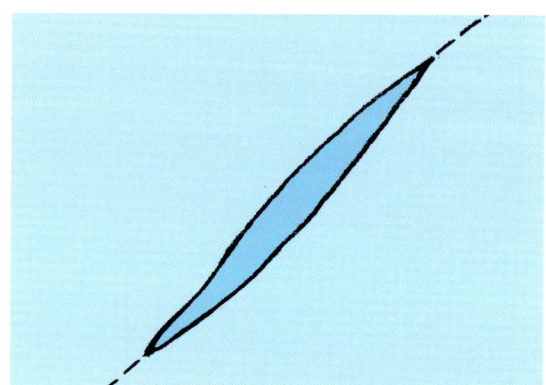

Zum Hindurchziehen durch den doppelten Einschlag das vordere Ende des Zugbandes mit einer kleinen Sicherheitsnadel versehen, das andere Ende ebenfalls mit einer Sicherheitsnadel außerhalb des Tunnels feststecken. Das vordere Ende in den Tunnel einfädeln und von außen mit schiebenden Handbewegungen hindurchführen, bis es am anderen Ende wieder herausschaut. Die beiden Sicherheitsnadeln lösen.

Erst die linke Seite füßchenbreit bis etwa 3 cm vor Schluss steppen, Nadel gesenkt lassen, Nähfuß anheben und den Reißverschluss am Nähfuß vorbei schließen. Bis zum Ende steppen, den Stoff drehen und die Quernaht schließen. Den Stoff bei gesenkter Nadel wieder drehen und die rechte Reißverschlussseite steppen. Nach etwa 3 cm die Nadel gesenkt lassen, Nähfuß heben und den Reißverschluss am Nähfuß vorbei erneut öffnen. Die rechte Seite und die zweite Quernaht nähen.

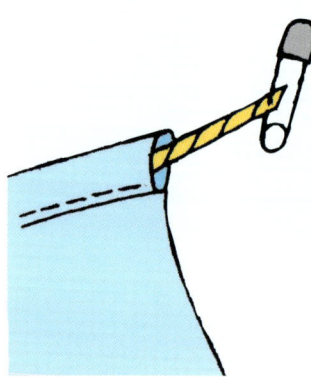

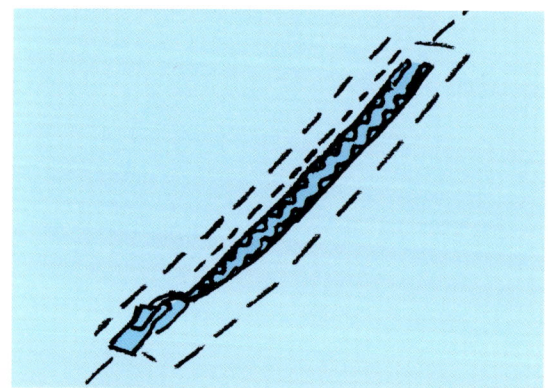

Applizieren mit doppelseitigem Bügelvlies

Doppelseitiges Bügelvlies hat eine Papierseite und eine leicht glänzende Klebeseite und wird von beiden Seiten aufgebügelt: Da es durchscheinend ist, kann man es einfach über die Vorlage legen (Papierseite oben) und das Schnittteil mit Bleistift aufzeichnen. Bügelvlies großzügig zuschneiden und mit der glänzenden Seite auf die linke Stoffseite legen und von der Papierseite her aufbügeln. Die zuvor aufgezeichnete Motivkontur ausschneiden.

Anschließend das Papier vom Bügelvlies abziehen und das Motiv mit dieser Seite auf dem Trägerstoff platzieren. Die Applikation aufbügeln und mit einem engen Zickzackstich aufnähen.

Handstich: Blindstich

Gearbeitet wird von rechts nach links. Um einen Saum anzunähen, vom Einschlag aus die Nadel in den Oberstoff einstechen, ein bis zwei Fäden des Oberstoffes greifen und im Abstand von ca. 6 mm in den Einschlag einstechen. Sollen zwei eingeschlagene Kanten aufeinandergenäht werden, durch den Einschlag der unteren und oberen Kante stechen, die Nadel ca. 6 mm durch den Stoff des oberen Einschlags führen, ausstechen und auf gleicher Höhe in den unteren Einschlag stechen. Die Nadel wieder ca. 6 mm durch den Stoff führen usw.

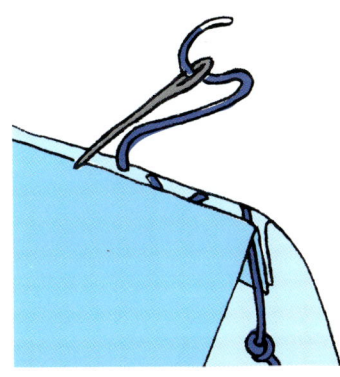

Handstich: Heftstich

Mit diesem Stich werden zwei oder mehr Stofflagen zusammengehalten, bevor die Naht mit der Maschine gesteppt wird. Hierfür einfach von oben nach unten durch die Stofflagen stechen, die Nadel ein Stück weiterführen und von unten nach oben ausstechen.

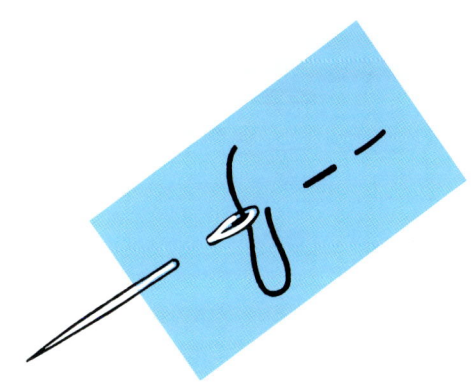

Vorlagen und Schablonen

Bitte achten Sie auf die Größenangaben.

Vorlage 1

Stoffbruch

Vorlage 2
(Originalgröße)

Vorlagen 1, 4a+b, 5 und 7a
bitte auf 200% vergrößern

Vorlage 3
(Originalgröße)

Vorlage 4b

Vorlage 4a

Vorlage 5

Vorlage 6
(Originalgröße)

Stoffbruch

Vorlage 7a

Vorlage 7b
(Originalgröße)

Vorlage 9
(Originalgröße)

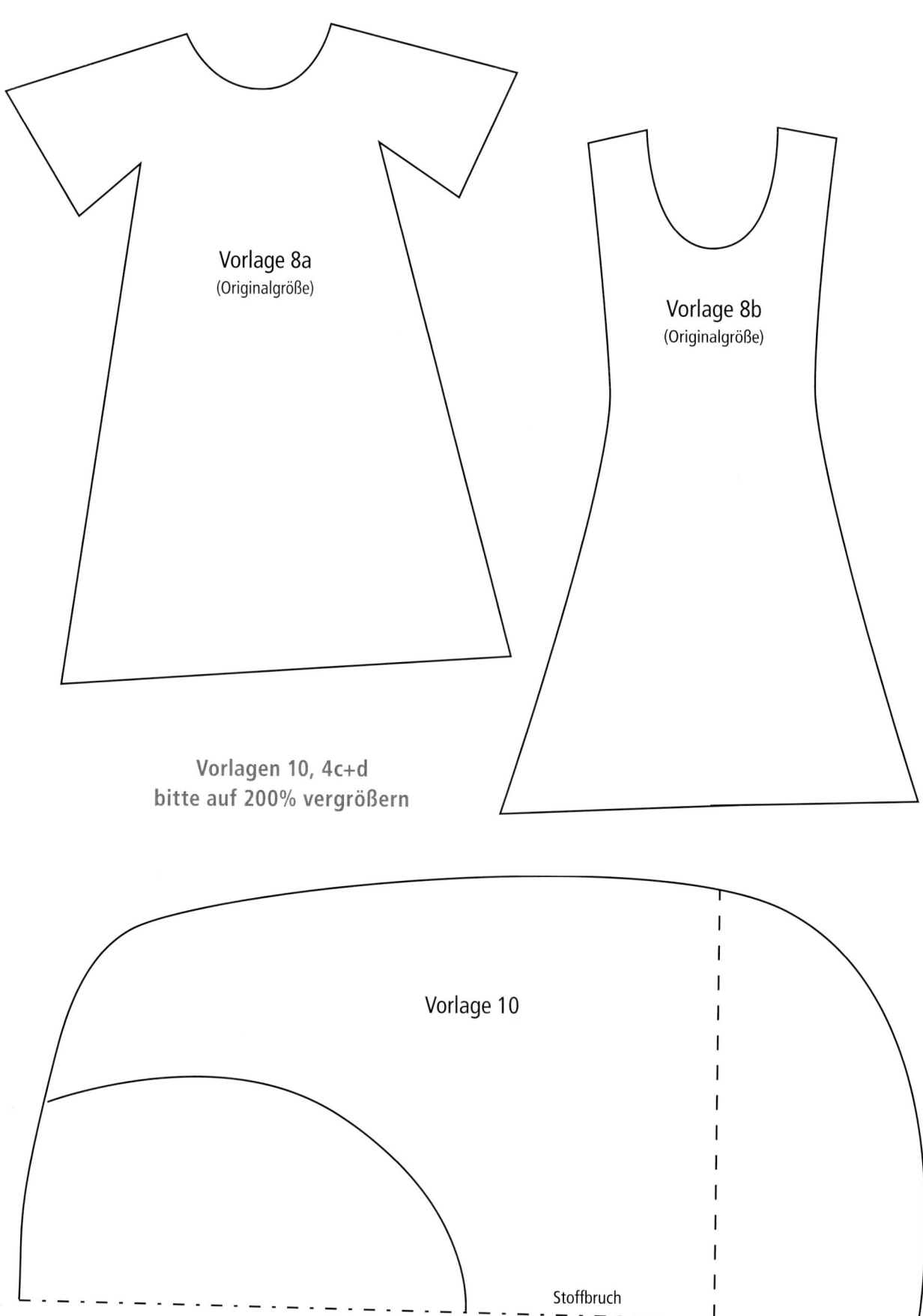

Vorlage 8a
(Originalgröße)

Vorlage 8b
(Originalgröße)

Vorlagen 10, 4c+d
bitte auf 200% vergrößern

Vorlage 10

Stoffbruch

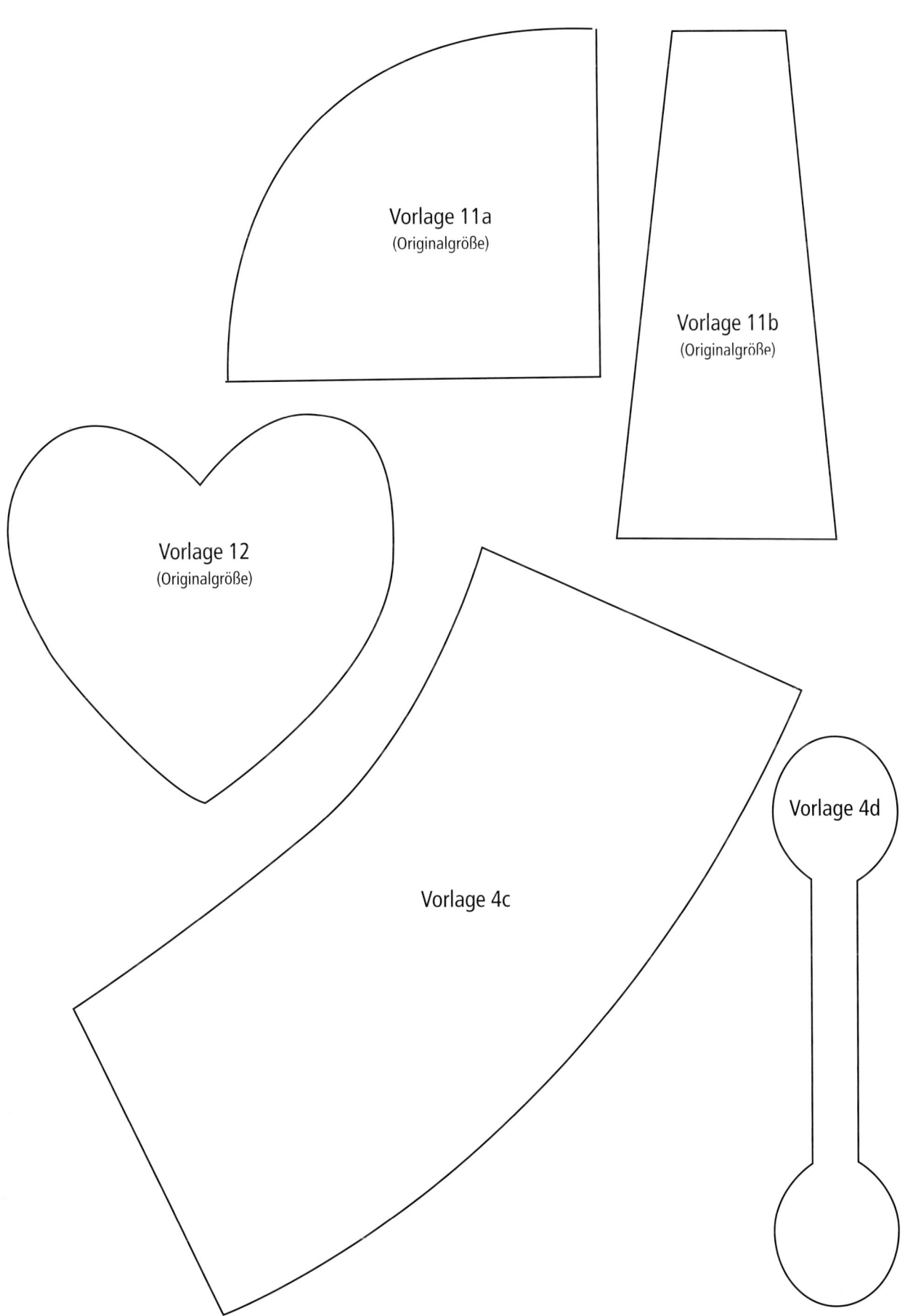

Vorlage 11a
(Originalgröße)

Vorlage 11b
(Originalgröße)

Vorlage 12
(Originalgröße)

Vorlage 4c

Vorlage 4d

Sie haben Fragen zu Materialien, Anleitungen oder einer Kreativtechnik? Ganz gleich, ob Basteln, Malen oder Handarbeiten: Wir helfen Ihnen weiter!

Schreiben Sie uns,
wir sind für Sie da!

service-hotline@c-verlag.de

Christophorus Verlag GmbH & Co. KG • Leser-Service • Römerstr. 90 • D-79618 Rheinfelden • Fax: 076 23 / 96 46 44 49

IMPRESSUM

Autorin: Beate Mazek
Fachlektorat: Petra Daniels
Redaktion: Angelika Klein
Fotos: Uli Glasemann
Michael Löffler (S. 52)
Styling: Elke Reith
Emanuela Pesché (S. 52)
Umschlaggestaltung: Yvonne Rangnitt
Layout: GrafikwerkFreiburg
Technische Zeichnungen:
Susanne Nöllgen, GrafikBüro Berlin
Schnitte und Vorlagen:
Carsten Bachmann
Reproduktion: Meyle + Müller, Pforzheim
Druck und Verarbeitung: Himmer,
Augsburg

ISBN 978-3-8388-3119-0
Art.-Nr.: 3119

© 2010 Christophorus Verlag
GmbH & Co. KG, Freiburg
Alle Rechte vorbehalten.

HERSTELLER

KnorrPrandell GmbH, Lichtenfels
www.knorrprandell.com

Freudenberg KG,
Vertrieb Vlieseline, Heidelberg
www.vlieseline.de

Gütermann AG, Gutach-Bleibach
www.guetermann.com

**Madeira Garnfabrik
Rudolf Schmidt KG**, Freiburg
www.madeira.de

Prym Consumer GmbH, Stolberg,
www.prym-consumer.de

Dill Buttons GmbH & Co. KG, Bärnau
www.dillbuttons.de

Union Knopf GmbH, Bielefeld
www.unionknopf.de

Jim Knopf GmbH & Co.KG, Offenbach
www.knopfhandel.de

Rayher Hobby GmbH, Laupheim
www.rayher-hobby.de

Glorex GmbH, Rheinfelden
www.glorex.com